# Las truchas están hechas de árboles

April Pulley Sayre
*Ilustrado por* Kate Endle
Traducido por Carlos E. Calvo

Charlesbridge

A Tom y Veda, quienes aprecian las conexiones.—A. P. S.

**Reconocimientos:**
Gracias a Jeff Sayre, verificador de datos; Dr. Gary Lamberti, ecologista acuático de Notre Dame; Warren Colyer, de Trout Unlimited; Nathan Bridges y Mary Lee Hahn.—A. P. S.

Un agradecimiento especial a Chris Harvey por su esfuerzo con la investigación. Y otro agradecimiento para Susan Sherman y Emily Mitchell por su interés y colaboración.—K. E.

Text copyright © 2008 by April Pulley Sayre
Illustrations copyright © 2008 by Kate Endle
Spanish translation copyright © 2024 by Charlesbridge; translated by Carlos E. Calvo
All rights reserved, including the right of reproduction in whole or in part in any form. Charlesbridge and colophon are registered trademarks of Charlesbridge Publishing, Inc.

At the time of publication, all URLs printed in this book were accurate and active. Charlesbridge, the translator, the author, and the illustrator are not responsible for the content or accessibility of any website.

Published by Charlesbridge
9 Galen Street, Watertown, MA 02472
(617) 926-0329 • www.charlesbridge.com

**Library of Congress Cataloging-in-Publication Data**
Names: Sayre, April Pulley, author. | Endle, Kate, illustrator. | Calvo, Carlos E., translator.
Title: Las truchas están hechas de árboles / April Pulley Sayre; ilustrado por Kate Endle; traducido por Carlos E. Calvo.
Other titles: Trout are made of trees. Spanish
Description: Watertown, MA: Charlesbridge, [2024] | Translation of: Trout are made of trees. | Includes bibliographical references. | Audience: Ages 4–8 | Audience: Grades K–1 | Summary: "How can a leaf become a fish? Two children find out as they observe life in and around a stream."—Provided by publisher.
Identifiers: LCCN 2022056611 | ISBN 9781623544485 (paperback)
Subjects: LCSH: Stream ecology—Juvenile literature. | Food chains (Ecology)—Juvenile literature. | CYAC: Stream ecology. | Food chains (Ecology)
Classification: LCC QH541.5.S7 S2918 2008 | DDC 577.6/4—dc23/eng/20230421

(pb) 10 9 8 7 6 5 4 3 2 1

Illustrations created with mixed media collage and adhered to 300-lb. Arches cold-press watercolor paper
Display type and text type set in Billy, a SparkyType family member, designed by David "Sparky" Buck
Color separations by Chroma Graphics, Singapore
Printed by 1010 Printing International Limited in Huizhou, Guangdong, China
Production supervision by Brian Walker
Designed by Susan Mallory Sherman and Ellie Erhart

Las truchas están hechas de árboles.

En otoño, los árboles pierden las hojas, que caen, giran y se sumergen en los arroyos.

Se dejan llevar por la corriente, pasando sobre rocas y por rápidos.

Las hojas les sirven de alimento a las bacterias. Y así crecen algas, que suavizan las superficies.

Luego entran los trituradores:
los zancudos, tricópteros, camarones y plecópteros trituran las hojas.
¡Las rasgan y las recortan!
Se comen las hojas que están cubiertas de algas y ahora forman parte de ellos.

Mientras tanto, hay depredadores que nadan, acechan y...

¡Crac! ¡Se comen a los tricópteros!

¡Glup! ¡Se tragan a los plecópteros!

Ahora las hojas son parte de los depredadores.

Se comen a las libélulas, a los tricópteros, plecópteros y pececitos. Ahora las hojas son parte de las truchas.

La sombra de los árboles sirve para mantener fresca el agua de los arroyos durante la época de desove.

Entonces, las truchas hembras se quedan entre la grava y depositan sus huevos.

Luego los machos fertilizan los huevos.

# ¡Y entonces aparecen las crías!

Crecen en un arroyo
—¡crac! ¡splash!—
lleno de ramas caídas.

Las truchas están hechas de árboles.
Igual que los osos y las personas
que pescan truchas y se las comen.

# El ciclo de vida de las truchas

Las truchas son una parte de la vasta cadena alimenticia que existe en los arroyos y ríos. Las truchas necesitan agua fresca y pura para sobrevivir. Los árboles dan sombra a los arroyos, lo que hace que el agua se mantenga fresca. A medida que el agua de los arroyos corre por ramas caídas y rocas, a veces aumenta su velocidad y otras corre más lentamente. El agua que corre rápidamente remueve la tierra y se la lleva, dejando la grava limpia. Eso crea el lugar perfecto para que las truchas desoven.

La trucha hembra mueve las aletas y la cola para quitar la capa superior de grava y hacer el pozo que se convertirá en su nido. En ese nido pone miles de huevos. Luego, la trucha macho nada sobre el nido para fertilizar los huevos. Finalmente, el macho y la hembra cubren los huevos con grava y se van.

Aproximadamente un mes después, las crías salen de los huevos. Cada trucha recién nacida, llamada alevín, tiene un saco de albúmina unida al cuerpo. Este saco le da nutrientes. Una vez que el saco se agota y es absorbido por el cuerpo del pez, el alevín nada fuera de la grava. Ya es una trucha joven.

La trucha joven se esconde en aguas tranquilas, entre raíces y ramas caídas. Allí se alimenta de insectos acuáticos, de crustáceos pequeños y de plancton. Muchas de esas criaturas se alimentan de las hojas que han caído al agua. A medida que la trucha crece, se sigue alimentando de animales más grandes que a su vez se alimentaron de hojas, como caracoles, peces pequeños, renacuajos y ranas adultas. Al llegar a la madurez, las truchas se aparean, desovan y producen una nueva generación de truchas. Esas truchas nuevas, al igual que sus padres, se alimentan de insectos que se habían alimentado de hojas caídas de los árboles cercanos al arroyo.

# ¡Conviértete en un héroe de los arroyos!

- Pídeles a las personas que tengan una propiedad cerca de un arroyo o lago que dejen plantas en la orilla. Diles que no corten la vegetación que está cerca de la orilla ni que dejen que vacas, cabras o caballos pasten cerca del agua. Las plantas altas que están en la orilla sirven para mantener fresca el agua y proteger los bancos. Este tipo de orilla característica de los arroyos y ríos, llamada área ribereña, es el hábitat necesario de las libélulas, las ranas y de otras criaturas.

- Jamás viertas pintura, aceite u otros químicos tóxicos en los desagües de lluvia. Pídeles a los propietarios que no usen pesticidas ni fertilizantes cerca de los arroyos, ya que esos químicos pueden llegar al agua y contaminarla.

- ¡Adopta un arroyo! Participa en organizaciones locales para limpiar los bancos de los arroyos. Aprende a chequear el agua de arroyos cercanos para ver si están contaminados y a medir la cantidad de insectos acuáticos que hay allí.

# Recursos para información adicional

### Sitios web

American Rivers • www.americanrivers.org
Aprende sobre ríos en peligro y especies en peligro de extinción, y cómo puedes ayudar a conservar estos recursos naturales.

Chesapeake Bay Foundation • www.cbf.org
¡Salva la bahía! Descubre cómo proteger y preservar la bahía de Chesapeake por medio del programa de educación ambiental CBF.

Project Wet! Water Education for Teachers • www.projectwet.org
Aprende sobre ríos, arroyos, peces y humedales, mediante lecciones y actividades con tu clase.

River Network • www.rivernetwork.org
Aprende cómo hacer la diferencia en la calidad de agua de los ríos y del agua potable por medio de acciones sencillas que puedes hacer desde tu casa.

Trout Unlimited • www.tu.org
Ayuda a proteger el hábitat de las truchas apoyando a este grupo comunitario de protección.

### Libros

Moyle, Peter B. *Fish: An Enthusiast's Guide*. Berkeley, CA: University of California Press, 1993.

Sayre, April Pulley. *River and Stream*. New York: Twenty-First Century Books, 1996.

Sayre, April Pulley. *Trout, Trout, Trout: A Fish Chant*. Chanhassen, MN: NorthWord Press, 2004.

Smith, C. Lavett. *Fish Watching: An Outdoor Guide to Freshwater Fishes*. Ithaca, NY: Comstock Publishing, 1994.